# Gefühlsaussprüche

Ich hör in mich reim

BOOKS  MAND

Für meine Mutter.

Markus Häusler

# Gefühlsaussprüche

## Ich hör in mich reim

Bibliografische Information der Deutschen Nationalbibliothek: Die Deutsche Nationalbibliothek verzeichnet diese Publikation in der Deutschen Nationalbibliografie; detaillierte bibliografische Daten sind im Internet über http://dnb.dnb.de abrufbar.

© 2016 Markus Häusler
Illustration: Markus Häusler
Bildquelle: www.pixabay.de

Herstellung und Verlag: BoD – Books on Demand, Norderstedt

ISBN: 978-3844809855

# Inhaltsverzeichnis

# (Seelen-)Wanderwege

## Ankunft

Das Schlagen des Storches kündigt es an
Dort droben im Nest auf dem Dache
Glocken ertönen, der Frühling kommt dann
Zeit der wärmenden Winde erwache.

Zerschneide die Nebel über dem Land
Am Himmel die Lichter entzündet
Erhell' die Auen in farbigem Band
Deine Ankunft wurd uns verkündet.

Gehab dich wohl, verwöhne uns köstlich
Versprüh deinen Glanz gar weit und breit
Erweis dich als gütig, gnädig, göttlich
Verbanne die dunkle Jahreszeit.

## Morgenröte

Brennender Himmel, Morgenröte
Lässt uns vergessen unsre Nöte
Sehnsucht freilich nimmst uns nicht
Du feurig strahlend Himmelslicht.

Verstärkst vielmehr noch das Verlangen
Hätt mich so gern nochmal verfangen
Im starken Liebesnetz und dann
Zögst du zwei Herzen in dein' Bann.

## Waldesruh

Welch Gottesfurcht ich doch empfinde
Wandle ich sehend durch den Wald
Das dichte Laub der grünen Linde
Lädt ein zur Rast, so mach ich Halt

Um seelenruhig dann zu verstehen
Geschloss'nen Auges bald einzusehen
Ist Gottes Wille, er lässt 's geschehen
Die Linde bleibt, ich werd vergehen.

Drum feier ich die reichen Gaben
Bin frohen Muts im grünen Hain
Erquick mich an der Schöpfung Farben
Behalt 's in mir, ein Stück ist mein.

## Winterende

In einem letzten Aufbegehren
Glasklare Nacht noch mal zu ehren
Fährt über uns der Kälte Schleier
Des Winters' bitterkalte Leier.

Doch ist der Hochmut überflüssig
Natur das Eis gar überdrüssig
Sie bäumt sich auf, entgegnet, hetzt
„Weich rasch! Du hast dich überschätz!"

## Blütenmeer

Wenn im April die Kirsche blüht
Die Schöpfung weißen Glanz versprüht
Ein Meer aus Blüten sich erstreckt
Und ganze Wiesen zart bedeckt

Erfüllt 's mich wohl mit Demut nur
Genieß ich 's Leben, die Natur
Es streichelt mich die Frühlingssonne
Fehlt nichts zum Glück, ist für mich Wonne.

## Fliederduft

Dein lila Leuchten, Fliederstrauch
Lockt Immen an, dich zu bestäuben
Doch nicht nur diese, ja ich auch
Lass mich durch deinen Duft betäuben.

Zum Träumen lädt er mich dann ein
Verweile gern an deiner Seite
Mach 's wie die Imme, saug dich ein
Nur bleib ich hier, sie sucht das Weite.

## Lebenskraft

Im Frühling Freude überwiegt
So leicht, beschwingt fühlt man sich gerne
Die Tage länger, Licht obsiegt
Die Kälte rückt in weite Ferne.

Wo allerorten Blumen sprießen
Lieblichkeit erfüllt die Luft
Verspielte Bächlein gluckernd fließen
Atmen wir ein den Frühlingsduft.

Farbexplosionen sind zu sehen
Wohin man blickt ein Meer aus Leben
Der innere Drang hinauszugehen
Kann zweifelnd Herzen Hoffnung geben.

# Regenbogen

Verdrießlich gehen wir auf die Reise
Ein Leben lang, mal laut mal leise
Zu finden so vielfältig' Dinge
Als ob ein Leben daran hinge

Und merken just in dem Moment
Als wir schon glaubten es zu haben
Dass Materielles uns nur hemmt
Uns gräulich blass macht, raubt die Farben

In uns, denn wir sind Regenbögen!
Die Kälte draußen kann 's verdecken
Doch andre würden uns auch mögen
Wenn wir uns zeigen, nicht verstecken.

## Neues Gewand

Wenn die Welt im Monat März
Langsam wechselt ihr Gewand
Öffnen Schleusen sich, mein Herz
Wiederkehrt dann allerhand.

Farben, Formen fast vergessen
Süß' Aromen war'n so fern
Liegt schlussendlich im Ermessen
Unseres Schöpfers, unseres Herrn.

Wälder, Bäche, Wiesen, Flüsse
Stimmen ein im Jubelchor
Und bescheren uns Genüsse
Hebt Gefühl in uns empor.

## Im Frühjahr

Gotteswunder erwachende Natur
Wie silberne Glöckchen klingt es nur
In machtvollen Akkorden Pflanzen erblühen
Lachen klingt heller, Herzen glühen.

Was tröstend über die Lande schwingt
Unser Auge entzückt, uns Friede bringt
Uns so reich beschenkt mit all dem Schönen
Uns Arien singt in höchsten Tönen.

## Magie des Erwachens

Düfte ergießen sich farbenfroh
Branden von Wiese zu Wiese
Meer aus Blüten schäumt gar so
Klingt heller als Harfen, ja diese

Ungezügelte Frühlingsnatur
Ist Leidenschaft und Liebe pur
Bezirzt uns, weckt uns aus Lethargie
Zündet Feuer in uns, verprasst Magie

Malt große Bilder in Öl und Pastell
Erhaben und schüchtern, Lebensquell
Erinnert an Jugend, braust auf, so wild
Bewusst wird unser Verlangen gestillt.

## Am Wegesrand

Zart am Wegrand die Luzerne
In saftig blau sie da so stand
Mir war als wollte ich so gerne
Sie brechen gleich, besann mich, fand

Dies wär' arglistig Unterfangen
Ein böser Raub gar, ließ es sein
Sodass ein jeder kann erlangen
Ein Blick aufs blaue Blümelein.

Ganz ohne Reue ging ich weiter
Vergnügten Mutes meinen Weg
Blick kurz zurück, es stimmt mich heiter
Das Leben ist ein Privileg.

## Fliegen

Im Zaubergarten möcht ich schreiten
Dort üppig Vielfalt still genießen
Die Wunder die mich dort begleiten
Und möcht erzählen euch von diesen.

In sattem Grün die Bäume stehen
Wo bunte Vöglein lieblich singen
Möcht ewig lauschen, nicht mehr gehen
Der Hain kann mich zum Träumen bringen.

Mal halt ich hier, mal schau ich dort
Geräusche, Bilder, kann 's gar riechen
Ich träum mich hin und schweife fort
Seh' Käfer auf dem Boden kriechen

Behäbig manche, andre hastend
Wie bunte Fähnchen Schmetterlinge
Auf Blüten sitzend, fächelnd, rastend
Sind das nicht wundervolle Dinge?

Gleich nebenan, am Fliederstrauch
Vernehm ich 's Summen, kann es hören
Nebst Bienen seh' ich Hummeln auch
Ganz friedsam, ohne sich zu stören.

Und oben in des Baumes Krone
Die Blätter wiegen wunderbar
Sitzt stolz 'ne Elster als ob sie throne
Erzählt vom Fliegen, wo sie war.

Auch ich möcht mich so ab und an
In Höhen schwingen, fliegend fliehen
„Muss traumhaft sein" denk ich sodann
Wend mich dann ab, muss weiterziehen.

## Die Linderung

Ein Gang durch immergrüne Wiesen
Kann lindern Kummer in uns drin
Im warmen Frühlingslicht genießen
Ein Blick nach draußen gibt uns Sinn.

## Frühlingserwachen

Frühling erwacht, das Leben sprießt
Des Winters Reif Vergangenheit
Im lauen Sonnenschein ergießt
Sich plätschernd 's Bächlein, ist befreit

Vom Eis der kalten Jahreszeit
Durch grüne Wiesenauen gern
Das Lied der Drossel klingt von fern
Es scheint als wär' Natur bereit.

Sich ganz aufs Neue zu erfinden
Und voller Inbrunst zu erblühn
Ureig'ne Kräfte zu ergründen
Ein Rausch aus Blüten bald wird sprühn.

Des Schöpfers Allmacht hier auf diese
Vom Bach umschloss'ne Blumenwiese.

## Verführt

In so manch' lauer Sommernacht
Ein einsam Herz wurd schon bedacht
Und ließ im Sturme sich verleiten
Durch unerwartet' Zärtlichkeiten.

Und zwischen innigen Gefühlen
Der Zauber wirkt, vergisst die kühlen
Ja kalten Nächte ohne Wonne
Träum mit mir bis zur Morgensonne.

# Kinderstube

## Kinderhände

Kinderhände malen Welten
Viele Farben sind nicht selten
Bunt und rund so ohne Ecken
Regenbögen sich erstrecken.

Krumm, gerade, ganz egal
Auch verkehrt rum mal ne Zahl
Nem kleinen Herz entspringt so viel
In Phantasie und auch im Spiel.

## Kleine Wurzeln

Kleine Lichter, für uns Sterne
Leuchten hell bei Nacht und Tag
Zwei große Augen funkeln gerne
Und freun sich was noch kommen mag.

Möchten entdecken viele Sachen
Jeden Tag aufs Neue wieder
Tanzen, springen, spielen, lachen
Klatschen, träumen, Kinderlieder.

Sehn die Welt mit Kinderaugen
Kinderohren hörn gespannt
Trübsal mag für sie nichts taugen
Probieren aus so allerhand.

Malen Wände an und purzeln
Auf der Couch und in den Betten
Zeigen uns so unsre Wurzeln
Die wir fast vergessen hätten.

## Erinnerungen

Ein verschmitztes Kinderlachen
Schenkt uns mehr als tausend Sachen
Führt uns oft dahin zurück
In Kindertage voller Glück.

## Kleiner Gedanke

Manchmal ertapp ich mich dabei
Wie ein Gedanke Flügel kriegt
Und aus dem Himmel zu mir fliegt
Zeit steht dann still, ich fühl mich frei.

Nah, der Gedanke schwebt, ganz nah
Schmiegt sich an mich, berührt mein Herz
Vertraut ist er, war schon mal da
Bin Trän' benetzt, doch nicht aus Schmerz.

Ich schließ die Augen, möcht ihn halten
Ganz sachte, denn er ist noch klein
Fast zu klein, möchte sich entfalten
Ganz unschuldig, des Herzens rein.

Zwei kleine Hände recken sich
Mir gern entgegen, suchen Lieb'
Augen leuchten, einfach köstlich
Ach süßer kleiner Herzensdieb.

Doch nun, kaum fang ich an zu träumen
Würd' Stunden wegen dir versäumen
An deinem Lächeln mich erfreuen
An deiner Wonne mich zerstreuen.

Der schön' Gedanke, eben nah
Entfernt sich wieder, viel zu schnell
Kann ihn nicht halten, leider wahr
Ist's Utopie und nicht reell?

So schau ich auf, besinn mich wieder
Hör leise noch die Kinderlieder
Bis dann der Traum gar gänzlich weicht
Es fällt mir schwer, so gar nicht leicht.

Ich blick zurück, ich schau nach oben
Von wo du kamst einst angeschwebt
Will Himmel danken, ja gar loben
Für das, was ich im Traum erlebt.

Kleiner Gedanke, komm doch wieder
Und bleib gar hier, entschwinde nie
Ich mag dich halten, singen Lieder
Mein kleines Herz, mein' Amélie.

## Kinderherzen

Diese kleinen Naseweise

Sind oft laut und manchmal leise

Singen schief und malen krumm

Tollen barfuß draußen rum


Klettern Bäume hoch und runter

Sind frühmorgens schon putzmunter

Krabbeln nachts zu Mama dann

Kuscheln ja so schön sein kann


Hübsche Kleidchen bitte schön

Schau wie ich die Puppe föhn

Haare kämmen, Zöpfe drehen

Mädchen möchten schick aussehen


Jungs woll'n toben, Abenteuer

Baumhaus bauen, Lagerfeuer

Mal n Kratzer gehört dazu

Verheilt mit Pflaster wie im Nu

Sorgen machen sie sich kaum

Möchten leben jeden Traum

Fliegen bis zum Regenbogen

Regenwolken weggeschoben

Kinderherzen-Phantasie

Fast grenzenlos und endet nie

So solls am Ende doch auch sein

Wir alle waren auch mal klein.

*Die nachfolgende Geschichte entspringt der Phantasie meiner kleinen Nichte Anna. Sie hat mir Tschanaba und Rosenblüt vorgestellt. Ich wünsche ihr, dass sie noch ganz lange an Einhörner glaubt und widme ihr dieses Gedicht.*

## Das Wertvolle an dir

Das kleine Einhorn Tschanaba
Hüpft fröhlich durch den grünen Wald
Zwischen den Bäumen tanzt es gar
So unbeschwert im Kreis, merkt bald

Wie Rosenblüt vergnügt erscheint
Und ruft "Hallo! ich freu mich sehr!"
„Ich auch" lacht Tschanaba und meint
„Komm Rosenblüt, wir gehn zum Meer."

Und schon laufen die beiden los
Die Wiese runter übers Moos
Lassen schon bald den Wald zurück
Zum Strand hinab ist's nur ein Stück.

„Wie schön es doch hier ist nicht wahr?"
Freut sich das Einhorn Tschanaba
Rosenblüt nickt „Hast recht, oh ja!
Das Leben ist so wunderbar!"

Sie laufen fröhlich Seit an Seit

Jetzt ist es wirklich nicht mehr weit

Werden dann schneller, hüpfen hoch

„Komm Rosenblüt, na fang mich doch!"


„Wir laufen bis zum Meer! Und los!"

Klein Tschanaba fühlt sich ganz groß.

Und Rosenblüt läuft hinterher

Der Weg ist steil ab hier zum Meer.


„Pass auf" ruft die noch „Bist noch klein!"

Doch Tschanaba sieht nicht den Stein

Schaut kurz nicht hin, Ojemine!

Und stolpert, stürzt, Oh je, Oh je!


Purzelt kopfüber in den Sand

Rosenblüt kommt angerannt

„Hast du dir wehgetan, oh nein!"

Tschanaba schluchzt „Der blöde Stein!"

„Ich hab´ mir schlimm mein Horn zerkratzt
Muss das jetzt ab? Muss ich zum Arzt?"
„Lass mich mal schau´n, ich kenn mich aus"
Und Rosenblüt guckt eiderdaus

Auf Tschanabas noch kleines Horn
Doch atmet auf „Es zeigt nach vorn!"
Sie tröstet sie „Ist nicht so schlimm
Komm her und setzt dich zu mir hin."

„Das wird schon wieder, geht vorbei"
So sitzen sie dann dort, die Zwei.
Rosenblüt nimmt Tschanaba dann
In den Arm, lächelt sie an

„Schau, was ich hier für dich hab:
Den feinsten Apfel den es gab"
Tschanaba wischt die Tränen weg
Und lächelt auch schon wieder keck

„Kleine Freundin, geht's denn wieder?"

Rosenblüt beugt sich hernieder.

„Oh ja" sagt die Tschanaba gleich

„Weißt du, wir sind ziemlich reich"


„Was braucht ein Einhorn denn noch mehr

Hier gibt es Wald und Wiesen, Strand und Meer

Und so 'ne Freundin wie du bist,

Gäb es dich nicht, hätt dich vermisst."


„So schön gesagt hast du das jetzt"

Gibt Rosenblüt gerührt zurück

Sie schau'n aufs Meer zuallerletzt

Rücken zusammen noch ein Stück.

# Sinn-Bilder

## Lebenszeit

Wir haben hier auf Mutter Erden
Zu leben, dass wir glücklich werden
Für eine Zeit, die uns bestimmt
Bevor man wieder fort uns nimmt.

Wir streben allzu sehr nach mehr
Vergessen dabei oft zu sehr
Die wahren Freuden, was es heißt
Geliebt zu werden, doch du weißt

In deinem Innern ganz bestimmt
Dass der, der dich genauso nimmt
Wie du halt bist, dich nicht verpönt
Die Zeit auf Erden dir verschönt.

Drum halte fest in dieser Zeit
An jenen Menschen, die bereit
Sind, dich zu lieben, zu vertrauen
Bedingungslos auf dich zu bauen.

Dann wirst du später glücklich sehn

Dass du dein Leben hast genossen

Mit Liebe deinen Weg konntest gehn

Auch wenn so manche Tränen flossen.

## In uns drin

Wir fragen ständig nach dem Sinn
Und halten Liebe für 'n Gewinn
Quer würden wir uns dafür legen
Erhoffen dadurch wahren Segen.

Schauen nicht auf uns und was wir sind
Ein Wunder jeder für sich, ich find
Bevor wir das nicht ganz klarsehen
Und uns als solches auch verstehen

Fällt 's andern schwer uns zu bemerken
Wir sollten zuerst uns bestärken
Und in uns ruhen, ganz gelassen
Erst dann kann man uns auch erfassen.

Wir leuchten so viel heller dann
Und ziehen andre Lichter an
Mit denen wir zusammen strahlen
Die mit uns große Bilder malen.

Die uns auch mal in schweren Zeiten
Zur Seite stehen, uns begleiten
Weil sie erkennen, was wir sind
Vertrauen schenken, auch mal blind.

Erst dann zwei Herzen sich ergänzen
Die auch im Dunkeln glitzernd glänzen
Es fängt bei uns an, in uns drin
Erst dann ist Liebe ein Gewinn.

## Moll und Dur

Gedichte zu schreiben fällt mir nicht schwer
Ich hör in mich rein und öffne mein Herz
In dunklen Nächten bin ich oft nur leer
Die Reime bedrückend und so voller Schmerz

Sehnsucht und Ängste bring ich zu Papier
Brauch nicht lang suchen nach passenden Worten
Vergiss dann die Zeit, verlier mich im hier
Und manchmal an düst'ren fremden Orten

Ganz anders klingt es an helleren Tagen
Mich nichts grämt, keine brennenden Fragen
Schillernde Verse verbind ich dann in Reimen
Frohlockende Lyrik beginnt dann zu keimen

Inspiriert mich die eine, ist 's fast wie Gesang
Klingt auf dem Papier fast wie Noten dann
Und das ist 's wonach wir am Ende doch frönen
Nach Musik, Harmonie, melodischen Tönen.

## Haben oder Sein?

Was oft nur zählt in unsrer Welt
Ist nicht die Liebe sondern Geld
Prestige, Gewinnsucht und auch Macht
So manch' Konflikt hat schon entfacht.

Doch warum sind wir wahrlich hier?
Was treibt uns an? Ist es die Gier?
Ich möchte 's bezweifeln, wenn 's so wär
Muss nicht so sein, die Last wög schwer.

Ein Blick zurück in frühste Tage
Verdeutlicht, was ich euch jetzt sage
Was wir einst sahen durch Kinderaugen
Mag heute für uns nichts mehr taugen.

Wir dursteten nach Ehrlichkeit
Nach Nähe und Behaglichkeit
Berührung und Geborgenheit
Nach Liebe und nach Zärtlichkeit.

Wann vergaßen wir den wahren Sinn?
Der Blick getrübt und abgewendet
Suchen wir heut nur Trost darin?
Haben wir nicht zu viel Zeit verschwendet?


Streben nach Reichtum und Ansehen nur
Verloren geht so schnell die Spur
Die uns in allen Lebenslagen
Halt gibt, wir müssten nicht verzagen.


Wenn Menschen uns zur Seite stehen
Die unsre wahre Schönheit sehen
Uns kennen und nie fallenlassen
Was auch geschieht, uns nie verlassen.


Wir spüren dadurch, dass wir leben
Indem wir nehmen und auch geben
Das ist im wahren Sinn gemeint
Kühle Raffsucht wird verneint.

Zu selten stellen wir uns ernsthaft
Die Frage, kostet sie uns Kraft?
Nach Haben wollen oder Sein
Die Antwort könnt´ uns so befrein.

## Verbaut

Es kommt nicht darauf an wie hoch
Der Turm ist, den wir so gernhaben
Im Gegenteil, viel mehr zählt doch
Wie's drinnen aussieht welche Farben

Wir fühlen, wenn wir uns umsehn
Und ob wir genug Wärme spüren
Dann sollten wir es bald verstehen
Wohin uns echte Werte führen.

Die falschen Ziele, Geltungsdrang
Verhelfen nicht zu inn'rer Ruhe
Vermissen werden wir das dann
Da hilft auch keine gold'ne Truhe

Kein dickes Konto auf der Bank
Ersetzt Familie, Heimat, Glück
So mancher merkt 's erst, alt und krank
Besinnt sich dann, wünscht sich zurück.

## Klangspiele

Mein Gemüt gibt gern die Tonart vor
Die Gedanken das Tempo, Stimmung den Chor
Mein Gefühl den Refrain, Laune den Takt
Mit diesen Essenzen werden Reime verpackt.

Wenn Träume dann fliegen, spiel ich ein Lied
Wenn Nebel zu dicht sind, man nichts sieht
Dröhnen dunkle Akkorde in Melancholie
Es gibt keine Grenzen in Raum und Phantasie.

## Mein Spiegel

Mein Spiegel ist 'ne tolle Sache
Kann mich drin sehen, wenn ich lache
Auch wenn ich weine kann ich 's sehn
Muss nur vor meinem Spiegel stehn.

Ihm ist 's egal wie ich mich fühl
Macht ihm nix aus, er ist halt kühl
Er schaut sich's an, er nimmt sich Zeit
Und meckert nie, ist stets bereit.

Er urteilt nicht, das liegt ihm fern
Ich bild' mir ein, er hat mich gern
Hängt an der Wand und steht zu mir
Komm ich nach Haus, ist er schon hier.

Was er so über mich schon weiß
Ist ziemlich viel, das ist der Preis
Den ich am Ende gern entrichte
Mein Spiegel kennt meine Geschichte.

Sprech ich ihn an, hört er mir zu
Was es auch ist, kennt kein Tabu
Ja so ein Spieglein an der Wand
Ist praktisch, kann so allerhand.

Ist klar und ehrlich, kann nicht lügen
Man muss sich halt mit dem begnügen
Was man drin sieht an jedem Tag
Ihm ist es gleich, weil er mich mag.

## Kreuzungen

Fragen beginnen sich zu verschieben
Gedanken drohen dich zu verbiegen
Was einst sinnhaft war, bleierne Schwere
Was dich hat erfüllt, tiefschwarze Leere.

Kreuzungen bringen Wechsel der Sicht
Wegweiser lesen geht oftmals nicht
Den Blick auf sichere Häfen verstellt
Dem Trott verfallen in eigener Welt.

Angezählt taumelnd in düsteren Sphären
Kämpfe verloren, zu schwach sich zu wehren
Sinn trübt sich grau, Himmel verschenkt
Träume in modrigen Sümpfen versenkt.

## Für mich allein

„Müsste doch klappen" hab ich gedacht
Und Pläne fürs Alleinsein gemacht
Mal tun, was mir guttut, was mir gefällt
Es gibt ja genug auf dieser Welt.

Ins Kino oder was trinken gehen
Den Film wollt ich schon lange sehen
Zum Auswärtsspiel meines Vereins
Gedichte schrieben, ist ja meins.

Das Buch wollt ich schon lange lesen
In der Stadt war ich noch nie gewesen
Mehr Sport, Bewegung tut mir gut
Doch hab ich für das alles Mut?

Und genug Schwung es anzugehen
Allein für mich die Welt zu sehen?
Mich spüren, was ich wirklich brauch
Nicht nur auf Hirn hörn, auch auf Bauch.

Es ist, als hätt ich das vergessen

Mir viel zu wenig Zeit bemessen

Hab aufgehört vor langer Zeit

Auf mich zu achten, nicht bereit

Mir zuzuhören, abzugrenzen

Nicht nur der ander'n Wunsch erfassen

Im mich reinhören und verstehen

Könnt besser dann alleine gehen.

Alleine stehen könnt ich dann

Zutrauen in mich, dass ich es kann

Die schöne Welt um mich begreifen

In meine Himmel abzuschweifen.

## Farbenvielfalt

Im Regenbogen sieht sich der
Der voller Inbrunst an was glaubt
Die Farbenvielfalt strahlt so sehr
Als hätten Engel sie geraubt.

Denn nur wer wahrhaft kann die Zeichen
Des Himmels spüren, sich drin sehen
Der wird im Leben was erreichen
Und stets den Daseins-Sinn verstehen.

# Verliebter Frühling

## Eine Liebeserklärung

Oh Mutter Erde welch wahrhaftig Pracht
Was hast du so alles hervorgebracht
In Jahr Millionen geformt, vollendet
Die Natur uns Trost und Liebe spendet.

In vielerlei Hinsicht und Spielereien
Bei Tag und auch bei Nacht gedeihen
Deine Geschöpfe in reinster Kunst
Erbitten sie Deine oh göttliche Gunst.

Verstehen alsbald schwer, kaum zu greifen
Wenn Nachtschattengewächse im Dunkeln reifen
Die Tropen vor Leben nur so blühen
Leben auch dort wo Wüsten glühen

Im Eismeer auch herrscht emsig Treiben
Deine Wälder wiegen im Wind, verneigen
Demütig ihre Kronen, vor dir, Natur
Du Ursprung, verfolgst deine Pläne stur.

Doch halte inne, die wahren Lichter
Erkenne ich überall, mit off'nen Augen
Ist die Liebe und Ihre vielen Gesichter
Schöpfung soll meinem Herz als Namen taugen.

Ich nenne sie Sonne, die meine, und Morgentau
Und Frühlingswind, wenn ich in ihr Antlitz schau
Erquick mich an Ihr, erlab´ mich, genau
An meiner Wonne, mein Herz, der einen Frau
Der ich begegnet in schwerem Gewitter
Als gebrochener Mann, als gefallener Ritter.

Wir waren zusammen in Demut vereint
Hab so oft in Ihre Hände geweint
Das, oh wahrlich, ist das Wunder nur
Die Liebe als Krönung aller Natur.

Der jegliche Umschreibung so treffend gereicht
Wenn Verstand einem liebenden Herzen weicht
Wenn die Morgenröte den Tag zelebriert
Wenn bei Mondschein nachts der See gefriert.

Wenn Mutter Erde sich weiterdreht

Dann bleibt Zeit stehn, der Mensch vergeht

Die Liebe, oh Schöne, soll weiterleben

Als einziger Grund für menschliches Streben.

## Träume

Ertappen uns in fremden Sphären
Wo wir so gerne einmal wären
Weit fort der grauen Realität
Und fragen uns, ob das denn geht.

Mit Flügeln dann, wir fliegen hoch
Begegnen sollen uns dann doch
Fabelwesen in wahrster Pracht
Entschwinden so manch tiefer Nacht.

Und auch von ganz konkreten Dingen
Traumwandlerisch sie uns gelingen
Wir fühlen uns gar spielend hin
Und hinterfragen nicht den Sinn.

Ob dies denn ginge, sinnhaft scheint
Im wahren Leben oft verneint
Berührt uns diese Frage kaum
Genießen jubelnd unsern Traum.

Sah des Nachts die schönsten Farben
In Bildern vor mir, möchte haben
Nie aufzuwachen, weiterträumen
Mit Freudentränen, überschäumen.

Ich sah die Schöne stehen am Strande
Barfuß, Locken, in weißem Gewande
Ein Sträußchen hielt sie fest in ihrer Hand
Ich schaute mich um, mein Blick, der fand

Wahrlich ein Meer aus tausend Rosen
Weiß und rein, im Hintergrund tosen
Die Wellen leise, gar demutsvoll
Fast wie Musik, hegen kein Groll.

Weiße Tauben entsteigen der Szenerie
Jetzt seh' ich auch mich, ich küsse sie
Die eine am Strand, im weißen Gewand
Steck ihr das Ringlein an die rechte Hand.

Umarmen uns innig, nah wie noch nie

Schauen uns an, genießen das Wie

Möchten verharren auf ewige Zeiten

Ein Leben lang den andern begleiten.


Der Traum endet hier, jäh unterbrochen

Und Doch, ich habe mir selbst versprochen

Ich möchte ihn gern wieder und wieder sehen

Dort bei den Rosen, barfuß am Strande stehen.


So wurde mir deutlich nach dieser Nacht

Wie nah du mir warst bevor ich aufgewacht.

Ehrfurchtsvoll seh' ich, versteh ich dann eins

Diese Träume sind das Elixier des Seins.

## Drachenflug

Ton um Ton genieß ich die Musik
Wie warmen Kakao in meinen Mund
Wohlige Wärme kriecht Stück für Stück
An mir empor und es ist im Grund'

Als flög' ein Drache mich zur Sonne
Wind und Wolken bis zum Schluss
Ich seh' in ihnen meine Wonne
So süß ihr Lächeln, spür den Kuss.

Träum Bilder von ihr auch am Tag
Und sehn mich zu ihr in der Nacht
Ich weiß es nicht ob ich 's vermag
Sie zu vergessen, ihre Pracht.

Die Wärme bleibt, Musik spielt weiter
Der Weg so weit wie laut ein Schrei
Fühl ich mich zu ihr, bin ich heiter
Die Flammen lodern für uns zwei.

## Es ist wie Musik

Dir Verse zu schreiben, gefühlvoll und ehrlich
Anfangs zwar einfach, doch schien gefährlich.
Was würdest du denken? Wie fasst du es auf?
Soll ich 's dir wirklich zeigen? Nehm ich 's in Kauf

Dieses neue Gefühl auf die Art zu proben
Mich hinzugeben, zu öffnen, würdest du toben?
Dich zurückziehen, schlimmer, dich abzuwenden
Ganz unverhofft aufhörn mir Signale zu senden?

Nach denen ich lechze, niemals möcht missen
Traurige Gedanken, schlechtes Gewissen.
Ich fasste ein Herz mir und schrieb alles nieder
Durch dich inspiriert, wieder und wieder.

Du, meine Muse, führtest die Feder
Sollst ruhig alles wissen, von mir aus ein jeder
Gedanke, der einst aus dir ward entsprungen
In vielen Versen hab ich dich besungen

So kam es dazu, ich scheute mich nicht

Offenbarte dir schüchtern mein erstes Gedicht.

Es trägt deinen Namen, „Oh Carole, Du Schöne"

Schon dein Name klingt wie reinste Töne.


Deine Augen, dein Lächeln sind deine Poesie

Deine Anmut, deine Demut für mich Melodie.


Wahrlich, der Reime melodischer Klang

Der Wahrheit eines einsamen Herzens entsprang

So nutz ich auf diese musische Weise

Es aufzuschreiben, mal laut und mal leise.


Die innigen Reigen, die ich spüre durch dich

Deine Akkorde, deine Tempi bewegen mich.

Adagio Carole, spielt deine Symphonie

Andante dein Sonett, in meiner Phantasie

Vivace erleb ich dich in schönsten Momenten
Doch auch Grave zählt zu deinen latenten
Tempi, mit denen du durchs Leben tanzt
Von pianissimo bis forte, ich hör dich, du kannst

In mir Opern und Zyklen komponieren
Zu Operetten und Dramen mich sanft verführen.
Ich genieße dich, in so vielen Weisen,
Oh spiel immer weiter, Balladen, die leisen

Dann kann ich die Harmonie förmlich spüren
Und glauben, dass sich unsere Herzen berühren.
So kam es, die Ode hat dir sehr gefallen
Bin seitdem dem Dichten und Reimen verfallen.

Ein Stein mir vom Herz fällt, Jubel, ich fröne
Warst davon verzückt, Oh Carole, meine Schöne.
Um dich zu ehren, zu spüren, zu hören
Ich möchte unendlich auf dich schwören
Dein zartes Wesen, für mich pure Romantik
Dein für mich liebstes Urteil: **Es ist wie Musik**.

## Pfeil und Bogen

So viele Dinge auf der Welt sind wichtig
Doch ohne Gegenstück gar nichtig
Was wär der Winter ohne Schnee?
Im Frühling Wiesen ohne Klee?
Wem nützt ein Schlüssel ohne Schloss
Und was wär der Reiter ohn' sein Ross?

Kein Clown wär fröhlich auf dieser Welt
Nähm' man ihm sein Zirkuszelt.
Wer braucht Gleise ohne Züge?
Was wär die Wahrheit ohne Lüge?

So viele Dinge auf der Welt sind wichtig
Doch ohne Gegenstück gar nichtig.
Kein' Ballerina ohne Ballett
Nur wenn zwei singen, ist´s ein Duett.

Ich möchte es rufen in dunkler Nacht
Was sonst hab ich noch nie gemacht
Ist ehrlich wahr und nicht gelogen
Wir zwei, wir sind wie Pfeil und Bogen.

Wehrhaft und stark, wenn wir vereint
Freude und Kummer, gelacht und geweint.
Der Pfeil bedingt des Zweckes wegen
Den Bogen wie der Held den Degen
Der Bogen sucht den starken Pfeil
Nur dann sind sie perfekt und weil

Dies nun so ist auf dieser Welt
Nicht Abhilf' schafft ein Sack voll Geld
Sag ich ohn' Zweifel, ohne Reue
Dass ich mich göttlich auf dich freue.
Mein größter Wunsch, seit ich dich traf
Sei meine Gräfin, ich bin dein Graf.

## Für Claire

Jetzt im Frühling, wenn alles blüht
Natur sich zeigt von den schönsten Seiten
Kann ich nicht anders, mein Herz, es glüht
Wünsch mir nichts mehr als mit dir auszureiten

Hinaus über Felder und Auen und Wiesen
Der Sonne entgegen ganz unbeschwert
Die warmen Tage mit dir genießen
Der Winter hat´s uns viel zu lang verwehrt.

Meine liebste Freundin, Susi heißt du
Seh ich dich im Stall, erhellt sich im Nu
Meine Laune durch dich, es ist wie Fliegen
Wir beide könn' nicht genug von uns kriegen.

Ich liebe es, wie du mich anschaust
Ne treue Seele, die manchmal aufbraust
Deine zarte Seite, ich mag die so sehr
Verstehen uns blind, ist gar nicht schwer.

Ein Blick reicht oft aus, um uns zu spüren

Niemand kann mich so verzaubern, verführen

Der wahre Grund, warum ich mich so freu

Ist schlicht und ergreifend, du bist mir treu.

## Ich sehe dich

Dich zu begreifen, zu erfassen
Dein ganzes Wesen zuzulassen
Was dich ausmacht zu beschreiben
Mir damit die Zeit vertreiben.

Mehr noch, Verse dir zu schenken
Auf dich Lieder zu erdenken
Fällt mir leicht, es ist nicht schwer
Reime schwingen hin und her.

Du bist für mich wie Morgenröte
Deine Zartheit gleicht dem Tau
Deine Stimme spielt die Flöte
Deine Augen ozeanblau.

Hilfsbereitschaft, Empathie
Dazu dein' bissig Ironie
So großen Herzens du doch bist
Dein Verstand so wach der ist.

Deine Launen zu ertragen
Dich auf Händen will ich tragen
Dunkle Zeiten zu durchstehen
Und in hellen dein Strahlen sehen.

Mit dir schwelgen durch die Nacht
Der sein, der dich dann bewacht
Mit dir fühlen, spüren, denken
Zusammen die Gedanken lenken.

Zärtlichkeiten auszutauschen
Deiner Stimme still zu lauschen
Dich berühr'n, zum Träumen bringen
Dir des Abends Lieder singen.

Mit dir streiten, dich begleiten
Meterhohe Wellen reiten
Tiefe Täler zu bezwingen
Dich in neue Höhen bringen.

Unbekannte Lande sichten
Deine Nebel für dich lichten
Türme haushoch für dich bauen
Immer weiter dir vertrauen.

Sturm und Wolken von dir halten
Dein' Talente sollst entfalten
Und an Sonne dich erfreuen
Keine Tage mehr bereuen.

Ich sehe dich, oh ja mein Herz!
Bittersüß dein zarter Schmerz
Erkenne deine wahre Schönheit
Wünsche mir, du bist bereit.

Mein Frühlingswind, ich sehe dich
versteh dich, spür dich, vermisse dich
Nicht nur im Traume bin ich dein
Möchte einfach ganz nah bei dir sein!

## Bei Vollmond

Lodernde Flammen züngeln nachts im Schein
Des Mondes, dessen Kinder in der Ferne heulen
Gedrückt, gebückt unter wankenden Säulen
Trübe Stimmung, Kälte, missverstanden sein.

Die Einsamkeit kriecht im Dunkeln herbei
Quälend und pochend auf tausend Weisen
Wo ich gestern noch war, ist heute vorbei
Stimme verstummt, entschwunden auf leisen

Unbemerkten, fremden Pfaden, verächtlich!
Unbedarft traf 's mich, so niederträchtig
Und wollt doch nicht spüren, was jetzt ist so klar
Oh Schöne du fehlst mir, bist nicht mehr da!

Sehnsucht, Gefühl ich so lang nicht mehr spürte
Bis es mich auf Irrwegen zu dir führte
Oh dank dir dafür, dass du mich berührt
So vollendest und heimlich hast mich verführt.

## Spürst du mich?

Wo ist dein Duft, der zarte, leise
Dein Flüstern spüre ich nicht mehr
Vermiss so sehr die Art und Weise
Mit dir zu lachen, wie es wär,

An jedem Tag dich anzuschauen
Mit dir zusammen Träume bauen
Kein Tag verschwenden, Pferde klauen
Nacht verbringen in der lauen

Von Frühlingsluft umspielten Wiese
Unbeschreiblich, nicht erklärbar
Zu wissen, ja es gibt nur diese
So tiefe Zuneigung für wahr.

Mit jedem Lied, was ich dir schreib
An jeden Baum ich stehen bleib
In jeder Blume Schönheit seh
Ich dich, dein Leuchten, meine Fee.

Ich hab dich Morgentau genannt
Als Frühlingswind bist du bekannt
Bist Sonnenschein und kalter Hauch
Bist mehr für mich, so sehr ich brauch.

Die Nähe zu dir, bist nicht hier
Bist so weit weg, drum schreib ich dir
Von dem, was ich halt so verspür
Und wünsche mir, es wär wie früher.

Wir waren nah, es war nicht weit
Gar Tür an Tür, wir war'n zu zweit
Und nie allein, war'n Seit an Seit
Dann war sie um die schöne Zeit.

So hoffe und so bete ich
Dass wir uns wieder näher sind
Dein zarter Duft betöret mich
Dass kein Gefühl so schnell zerrinnt.

## Sonett für Carole

Wir wohnten nahe, exakt vis-a-vis
Tür an Tür diente der Flur als Graben
Er leuchtete hell in zu grellen Farben
Zu Beginn selten, rar, sah ich dich nie.

Doch bald spürte ich, da war Empathie
Wir konnten uns beide ziemlich gut haben
So manche Stunde am anderen laben.
Aus Neugier wurde schon bald Sympathie.

Wir wurden getrennt bald, ich durfte gehen
Es grämte mich, dich nun zu verlassen
Hatten wir doch so viele schöne Stunden.

So ungewiss, wann wir uns wiedersehen
Den Wunsch gemalt in Bildern, zwar blassen
Drehen heut wie dort noch unsre Runden.

## Mein Frühlingswind

Liebreiz und Grazie – trägst du im Namen
Verletzlichkeit, Anmut zeichnen dich aus
Fremd ist Dir Hochmut, fällst aus dem Rahmen
Nur zögerlich leise kommst du aus Dir raus.

Doch trittst Du hervor, warm wie Frühlingswind
Überraschend wie damals der erste Tau
Dann seh ich Dich wahrlich, sprachlos, begeistert
Soviel Zartheit, dein Augenlicht klar, kühles Blau

Es ziehet mich zu dir, angenehm, vertraut
Erinnerst mich an eine Sommernacht
Wahrhafte Schönheit, nicht leis', gar laut
Wir haben geredet, getanzt und gelacht

Uns im Kreis gedreht, gestockt, weiter und weiter
Die Tage durch dich geheimnisvoll heiter
Beschwingt durch dein direktes ehrliches Wesen
Was wäre ich hier ohne Dich gewesen?

Solch Perlen wie du eine bist, sind rar

Bald wurde mir klar

Dass Du was ganz Besonderes bist

Schlagartig sah ich's, hab's bis heute genossen

Dein zarter Schmuck sind die Sommersprossen.


Und fliegst nun von dannen, behände, geschwind

Ich erinner' mich ewig, an meinen Frühlingswind.

# Sehnsuchtspfade

## Das Leben ein Geschenk

Der Wunsch nach Leben, es zu schenken
Ist nobel und schön, doch hab zu bedenken
Dass die Natur und Gott es richten
Zu gegeb'ner Zeit die Nebel lichten.

Verzage nicht, vertrau darauf
Und glaub an dich, gib dich nicht auf.
Glaub an die Liebe und bewahr
Dein Mutterlieb´ ist wunderbar.

Genieße das, was bereits ist
Im Alltag auch einmal vergisst
Ein Kind bereits dir wurd' beschert
Gesund, so lieb und unbeschwert.

Erfreu dich dran, was du jetzt hast
Beschwer dich nicht mit dieser Last
Üb dich in Demut und Geduld
Such nicht bei dir nach einer Schuld.

Denn nur, wenn du dich nicht belastest
Nicht grämst und ärgerst, weiterhastest
Das Wunder alsbald wird geschehen
So wie du's schon mal hast gesehen.

Wenn es nicht will, so bald passieren
Nur Gott kennt einen Grund dafür
Und doch kann ich dir garantieren
Von ganzem Herzen wünsch ich's dir.

## Für Nana

Selbst in des warmen Frühlings Kleide
Scheint's frostig gar tief in mir drin
Des Herzens schwer und zart wie Seide
Bin ich verlassen, mir steht der Sinn

Nach etwas das nicht greifbar scheint
Nach dieser einen Melodie
Die mich betört auch wenn Herz weint
Verschmolzen sein in Harmonie.

Entspringt das Lied der feinen Geigen
Oder der Harfe himmlisch' Klang?
Könnt mich so laben an dem Reigen
Nichts andres wär mehr von Belang.

## Im Dunst

Monotones Ticken der Uhr
Begleitet mich durch die Stille
Warme Müdigkeit spür ich nur
Kein Antrieb, Schwere, kein Wille.

Resignation macht sich schleichend breit
Drückt. Wände kommen scheinbar näher
Farblose Bilder, kein Gefühl für Zeit
Milchige Luft zum Atmen wird zäher.

Gesteuert in und durch dumpfe Trägheit
Außen Schmerz, verkriech mich im Innen
Wünsch ich mich zu dir, wär so gern zu zweit
Nur Dunst um mich rum, bin ich bei Sinnen?

## Verblüht

Die Zeit der Blüte ist für wahr
Nicht immer Liebeszeit, oh nein!
So manch' Verbindung geht auch da
Zugrunde, hat nicht sollen sein.

Kein' Kraft auf Erden groß genug
Wenn zwei sich voneinander trennen
Vertrauen weg, nur Lug und Trug
Wenn Herzen aufgehört zu brennen.

Vielleicht ist's besser für die beiden
Im Frühjahrsputz adieu zu sagen
Und so ein Ende ohn' viel leiden
Platz macht, um Liebe neu zu wagen.

Denn 's ist gewiss, im nächsten Jahr
Kommt sie zurück die Blütezeit
Herz ist bereit, wie's schon mal war
Und neue Liebe dann gedeiht.

## Trübe Gedanken

Der trüben Gedanken überdrüssig
Verweilt man leer so manche Stund'
Erkennt bald, man sei überflüssig
Ein traurig' Seelenvagabund.

Wann bricht der Himmel auf, ja wann?
und hält, was er einst mir verspricht?
Wann endet diese Schmach und dann
Wird Schwere leicht, vergeht Zwielicht?

Obsiegt der Leichtmut triumphierend
Entschwinden düstre Nebelschwaden?
Frohlockend Engel jubilieren
In mir, dann bersten Barrikaden!

Wär´ gern naiv, geneigt zu glauben
Dass dieser eine Wunsch genügt
Wer wird's mir zeigen, mir erlauben
Beenden was mich so belügt´?

So schwank ich weiter, scheinbar kraftlos

Durchs tiefe Tal zeriss'ner Seelen

Der Funken Hoffnung, der einst groß

Beklemmend klein, mag ihm befehlen


Er möge standhaft mich begleiten

In Finsternis ein Licht mir sein

Trotz und entgegen schwerer Zeiten

Ein Quell, der labt mich, klar und rein.

## Sternenregen

Lautlos für uns aus himmlischen Sphären
Beschreiben sie nachts ihre goldene Bahn
Lassen uns träumen, wünschen, verklären
Nur gute Wünsche sollen uns wiederfahr'n.

Möchten entrücken, nur ein Stückchen
Der kalten, oft nüchternen Realität
Suchen nach Wegen, vor dieser zu flüchten
Doch sind uns bewusst, dass sowas schwer geht.

Im Trubel des Alltags, getrieben, gehetzt
So manch zart besaitete Seele verletzt
Sich so leicht, reibt sich, opfert sich auf
Dürstet nach Hoffnung, blickt ohnmächtig rauf.

Zu erhaschen den Sternenstaub, göttliches Licht
Wünsch sich Stille Nähe und ein liebes Gesicht
Haltet inne und betet, so lass es geschehen
Sternregen leuchte, will Sternschnuppen sehen.

## Krähenflug

Wolkenverhangene Hochspannungsmasten
Zerschneiden Äcker wo Krähen gern rasten
Wo kahl entblätterte Bäume stehen
Kühle Winde über die Lande wehen.

Durch öde Felder geh ich dann
Die Kälte lässt mich spüren, kann
Abschalten und den Kopf frei kriegen
Bleib steh'n und schau den Krähen nach
Und denk für mich ganz still nur „Ach"
Wink hinterher, kann doch nicht fliegen.

## Wer sieht mich?

Mir fehlt auf dieser unserer Welt
Ganz einfach Wärme die mich hält
Mich zudeckt, wenn ich bitter frier
Mir zuspricht, wenn ich mich verlier.

Mir ist's als wär' die Erde taub
Milliarden Menschen wirbeln Staub
Nur auf wenn sie vorübergehen
Den nächsten sie in Hast nicht sehen.

So kommst mir vor als wär' ich der
Der still nur steht, sich wünscht er wär'
Ein jemand dem man Achtung schenkt
Anstatt den Blick in Eile senkt.

Erhaschen würd' ich gern ein Lächeln
Würd' mich erfreuen, Mut zufächeln
Erwidern würd' ich's furchtbar gern
Doch scheint mir das nur allzu fern.

## Verbrannt

Hell wie Feuerdrachen-Feuer
Brennt das Leben auf der Haut
Sind die Geister nicht geheuer
In meinem Kopf die Schreie laut
So bleib ich in mir voller Scham
Begrab mein Herz im Tränensee
Der Hoffnungsschimmer der einst kam
Ist längst verglüht, vorbei, passé.

## Öde Nacht

Ist es schändlich wenn mich Unruh plagt
Wenn Stund um Stund der Zeiger nagt
In der die Stille dich umnachtet
Hab dafür mich so oft verachtet

Steht's mir denn zu dich zu begehren
Dich wie mein eigen Blut zu ehren
Der Drang der zieht mich zu dir hin
Und weiß doch es macht keinen Sinn

Was brennt in mir so lichterloh
Oder bin ich einfach nur froh
Den Halt du gibst, ganz klar zu merken
Mich immer wieder zu bestärken

Wem öffnest du dich, wo und wann
„Nur dir" hauchst du, entschwindest dann
Ganz leise, wie es dich ausmacht
Lässt mich zurück in öder Nacht

Mit Ehrfurcht ich begegne dir

Bist soweit fort und nicht bei mir

Üb mich in Demut und in Schweigen

Und doch bewahrt 's mich nicht zu zeigen

Was du mir gibst Tag aus Tag ein

Spür 's nur bei dir, so klar und rein.

# Verschiedenes

## Der Banker

Einst große Zunft ehrbarer Leute
Heut nur noch Sumpf, narzisstische Meute
Durch Seelen befeuert, auf Knochen errichtet
Im Blutrausch Werte und Menschen vernichtet.

Verblendete Geister in Nadelstreifen
Eitergeschwüre wo Herzen reifen
In Zuchthausmanier Regimenter geführt
Sie denken sie kriegen, was ihnen gebührt.

Wo die Gier regiert, der Anstand versiegt
Wenn Hunger nach Macht viel schwerer wiegt
Pathologische Lust am Erlegen entfacht
Dann hat's wieder einer zum Banker gebracht.

## Traumgrenze

Früher als wir noch Träume hatten
Gab's wohl nur Sonne, keine Schatten
Im Aufwind der Jugend segelten wir
Über Täler in Höhen von da bis hier.

Vergaßen frierend wie man so fliegt
Als der Ernst über das Leichtsein siegt
Gedanken, Gefühle sind nicht mehr frei
Sind eingeengt auf Verderb und Gedeih.

Eingeschnürt haben wir Emotionen
Eingeschlossen, bewacht von Legionen
Regungen werden strikt unterdrückt
Gehen nicht aufrecht, gehen gebückt.

Spür'n die Fesseln bald nicht mehr
Gehen gefühllos im Nebel umher
Vergraben das Kind-Sein so zur Gänze
Träume von damals, jenseits der Grenze.

## Einsam

Klare kalte Nächte in Einsamkeit
Wie ich sie seh' so oft zurzeit
Schür'n Sehnsüchte tief in mir drin
Und zeigen mir, was ich halt bin.

Allein, umgeben nur von leeren Wänden
Such ich doch nach zwei lieben Händen
Die mich berühren, mir Wärme schenken
Und mich von Kummer gern ablenken.

Ist's egoistisch so zu denken
In Selbstmitleid mein Haupt zu senken?
Wenn ich mir Liebe wünsch so sehr
Und dadurch nur mein Herz beschwer.

Sollt' ich mich auf mich selbst verlassen
Und so die Liebe ziehen lassen
Wär' das dann nicht der rechte Lohn
Für das was war, wer bin ich schon.

## Für Patricia

So zart dein Wesen doch erscheint
Anmut und Schönheit, beides vereint
Goldenes Haar, deine Augen funkeln
Wie kleine Sterne, erhell'n sie im Dunkeln

So manche nebelverhangene Nacht
Als hätten die Engel Licht entfacht
Dein Lächeln ein Geschenk, sodass man glaubt
Du hast so manches Herz geraubt.

Entspringt vielleicht 'nem Regenbogen
Den Vollmond hat's schon angezogen
Gereicht den Wundern der Natur
Dein Augenaufschlag Grazie pur.

Dein Name erhaben, römisch und rein
Er passt zu dir wie zur Sonne der Schein
Gestöber zum Schnee und Meer zum Strand
Und daher wirst du Patricia genannt.

## Casino Global

Verschanzt in Türmen aus Macht und Geld
Beherrscht eine neue Rasse die Welt
Sie sehen sich gern als überlegen und besser
Doch wie Urzeitmenschen wetzen sie Messer.

Tabus gibt es nicht, Rendite muss steigen
Kümmern sich nicht im Börsenreigen
„Friss oder stirb" - zementierte Parolen
Von Führungsriegen wird befohlen

Disziplin, Gehorsam, im preußischen Sinn
Wer nicht mitspielt, kann gehn, wo kämen wir hin
Skrupel, was ist das? Anstand? Wer?
Erträge sind wichtig, immer mehr.

„Wenn das nicht geht, tauschen wir aus
Die schwächsten Glieder in unserm Haus!"
Schwachleister, so werden diese genannt
„Setzt Rotstifte an mit eiserner Hand!"

Wer nicht umsetzt, was sie wollen
Wird nicht alt hier, Köpfe rollen
Kunden werden schön ausgepresst
„Legt an, drückt ab, solang man euch lässt."

Auch die können gehn, wenn Ertrag nicht stimmt
Geschäftsmodell steht, keiner nimmt
Rücksicht auf das, was die wirklich wollen
Hört ja nicht hin, Donnergrollen.

Im Casino Global gelten eigene Regeln
Vorwärts die Fahrt mit gehissten Segeln
Und wenn die Dollars im Säckel klingen
Hilft man auch mal Geld ins Ausland zu bringen.

Das System ist krank, von Grund auf schlecht
Niemand wird seiner Verantwortung gerecht
Es zählen nicht Menschen, nur der Profit
Im Casino Global, drehst du dich mit

Oder du lässt es, wenn du Kraft dazu hast

Doch viele Kollegen haben's verpasst

Und harren der Dinge, lassen's geschehen

Hab viele von ihnen krank werden sehen.

## Das Schöne im Einzigartigen

Die Gabeln tuscheln in der Lade
„Schaut nur die Löffel, sind die fett!"
Die Messer finden das sehr schade
Finden sie doch beide nett.

Sie schütteln ihre langen Glieder
Und drehen sich beschämt gar um
Machen sich klein und recken wieder
Die stolzen Hälse, stehen stumm.

Die Löffel mit gesenkten Köpfen
Fühlen sich doch zutiefst verkannt
„Wer schöpft sonst Suppe aus den Töpfen?"
Schimpft einer, and're sind schon weggerannt.

Die Gabeln scheinen das zu merken
Werden gestraft vom strengen Blick
Der Messer, die wolln die Löffel stärken
Gabeln verstumm'n, ziehn sich zurück.

Sodann die Messer zeigen Herz
Für Löffel, und sie trösten sie
Schon bald verfliegt bei denen Schmerz
Der herrührt von manch Kalorie.

Und von der Häme dürrer Gabeln
Die sich wohl für was Besseres halten
„Doch das gehört ins Reich der Fabeln"
Betont ein Messer, eins der alten.

Urplötzlich tut sich was, so schau
Die Gabeln kriechen leis heran
Erst zögerlich, ganz ohn' Getrau'
Stell'n sie sich auf und ein' fängt an:

„Es tut uns leid ihr Löffel! Ehrlich!
Seid ihr doch auch so unentbehrlich
Nur mit euch sind wir doch komplett
Ohne euch wertlos beim Bankett."

Die ersten Löffel komm'n zurück

Ein kleiner wischt sich Tränen weg

Dann folgt der Rest an einem Stück

Ganz zaghaft noch aus dem Versteck


„Na gut ihr Gabeln, so soll's sein!

Sind nicht mehr bös´, woll'n euch verzeih'n"

Ruft einer und „Kommt alle her"

Im Grunde mögen sie sich doch sehr.


So kehrt nun Ruhe ein und dann

Merkt jeder doch, wie schön es ist

Wenn man sich hilft, was man dann kann

Und wenn wir gleich wär'n, was vermisst.